Welcome, dear reader, to a wo
tools for communication—they
of identity, and occasionally, t
confuse tourists. In this compac
the secrets to mastering Montenegrin slang, an art form as
intricate as the coastline of the Adriatic and as unpredictable
as a Balkan family gathering.

Montenegrins don't just speak—they perform.
Conversations here are a theatrical blend of subtle jabs,
heartfelt compliments, and metaphors so creative they could
make a poet weep. Whether you're a curious traveler, a
linguistics enthusiast, or someone trying to impress your
Montenegrin in-laws, this dictionary will be your trusty
sidekick.

Within these pages, you'll uncover expressions that capture
the Montenegrin spirit: laid-back yet passionate, pragmatic
yet poetic, and always ready with a *rakija* (homemade
brandy) in hand. From terms that describe the art of doing
nothing (a national pastime) to creative insults that are
almost too beautiful to be offensive, you're about to embark
on a linguistic adventure.

So grab a coffee (*kafa*), find a comfortable spot (preferably
with a stunning sea view), and get ready to dive into a world
where even the simplest "hello" might come with a side of
humor, sarcasm, or unsolicited life advice. By the time you
finish this book, you won't just know Montenegrin slang—
you'll be *living* it.

TABLE OF CONTENT

A *5*

B *8*

C *11*

D *14*

E *18*

F *22*

G *26*

H *30*

I *34*

J *38*

K *42*

L *46*

M *51*

N *56*

O *60*

P *64*

R *68*

S *72*

T *77*

U *82*

V *87*

Š..*92*
Ž..*97*

Where is your next travel ?

SCAN THE QR

Get the Slang Dictionary Collection

Slang Dictionaries Availables:

- French
- Mexican
- German
- Italian
- Colombian
- Many More...

A

1. **Ajde**
   - **Meaning**: Come on, let's go.
   - **Example**: *Ajde, što čekaš?*
   - **Translation**: Come on, what are you waiting for?
2. **Alo**
   - **Meaning**: Hey! (used to call someone's attention)
   - **Example**: *Alo, druže, gdje si?*
   - **Translation**: Hey, buddy, where are you?
3. **Ajz**
   - **Meaning**: Cool, chill.
   - **Example**: *On je baš ajz lik.*
   - **Translation**: He's such a chill guy.
4. **Avetinjo**
   - **Meaning**: Fool, idiot (playful insult).
   - **Example**: *Ne budi avetinjo, radi nešto!*
   - **Translation**: Don't be a fool, do something!
5. **Aman**
   - **Meaning**: For goodness' sake (expressing exasperation).
   - **Example**: *Aman, smiri se!*
   - **Translation**: For goodness' sake, calm down!
6. **Aksija**
   - **Meaning**: Action, hustle.
   - **Example**: *Idemo u aksiju večeras!*
   - **Translation**: We're going out tonight for some action!
7. **Ala**

- **Meaning**: Big, great (used for exaggeration).
- **Example**: *To je ala auto!*
- **Translation**: That's a great car!

8. **As**
    - **Meaning**: Pro, expert.
    - **Example**: *Ti si pravi as u fudbalu.*
    - **Translation**: You're a real pro at football.

9. **Avlijaš**
    - **Meaning**: Homebody, someone who rarely goes out.
    - **Example**: *Ma, on je avlijaš, ne voli društvo.*
    - **Translation**: He's a homebody; he doesn't like company.

10. **Ajkula**
    - **Meaning**: Shark, someone skilled in business.
    - **Example**: *On je prava ajkula u poslu.*
    - **Translation**: He's a real shark in business.

11. **Apsana**
    - **Meaning**: Jail, prison.
    - **Example**: *Završićeš u apsani ako nastaviš tako.*
    - **Translation**: You'll end up in jail if you keep this up.

12. **Aso**
    - **Meaning**: Slang for "dude" or "guy."
    - **Example**: *Šta radiš, aso?*
    - **Translation**: What's up, dude?

13. **Avala**
    - **Meaning**: Gossip.
    - **Example**: *Samo pričaju avale po selu.*
    - **Translation**: They're just spreading gossip in the village.

14. **Ajvariti**

- Meaning: To chill, relax (from "ajvar," a Balkan condiment).
- Example: *Ajvarim kod kuće danas.*
- Translation: I'm chilling at home today.

15. **Aman-zaman**
    - Meaning: Seriously, come on (intense plea).
    - Example: *Aman-zaman, prestani već jednom!*
    - Translation: Seriously, stop it already!
16. **Anamo**
    - Meaning: Over there, that way.
    - Example: *Idi anamo pa vidi šta rade.*
    - Translation: Go over there and see what they're doing.
17. **Avijati**
    - Meaning: To wander aimlessly.
    - Example: *Cijeli dan avijaš po gradu.*
    - Translation: You've been wandering around the city all day.
18. **Ahbab**
    - Meaning: Close friend, buddy.
    - Example: *On mi je ahbab iz djetinjstva.*
    - Translation: He's my childhood buddy.
19. **Ajme**
    - Meaning: Oh no, oh my! (expressing surprise or worry).
    - Example: *Ajme, šta ćemo sad?*
    - Translation: Oh no, what will we do now?
20. **Aždaja**
    - Meaning: Dragon, but used metaphorically for a strong or angry person.
    - Example: *Kad se naljuti, postane prava aždaja.*
    - Translation: When she gets angry, she becomes a real dragon.

B

1. **Baja**
   - **Meaning**: Dude, guy.
   - **Example**: *E, baja, šta ima?*
   - **Translation**: Hey, dude, what's up?
2. **Bašta**
   - **Meaning**: Backyard, but metaphorically used for a relaxed spot.
   - **Example**: *Sjedimo u bašti i pijemo kafu.*
   - **Translation**: We're sitting in the backyard, drinking coffee.
3. **Baraba**
   - **Meaning**: Rascal, mischievous person.
   - **Example**: *Ti si prava baraba, znaš?*
   - **Translation**: You're such a rascal, you know?
4. **Bataliti**
   - **Meaning**: To quit, leave something.
   - **Example**: *Batalio sam taj posao.*
   - **Translation**: I quit that job.
5. **Beton**
   - **Meaning**: Cool, solid.
   - **Example**: *Taj koncert je bio beton!*
   - **Translation**: That concert was solid!
6. **Bijes**
   - **Meaning**: Anger, but used to describe something super impressive.
   - **Example**: *Ovaj auto je bijes!*
   - **Translation**: This car is amazing!
7. **Bleja**
   - **Meaning**: Chilling, hanging out.
   - **Example**: *Blejimo ispred zgrade.*

    - **Translation**: We're chilling in front of the building.
8. **Blentav**
    - **Meaning**: Silly, naive.
    - **Example**: *Ti si baš blentav ponekad.*
    - **Translation**: You're so silly sometimes.
9. **Bokun**
    - **Meaning**: A small piece or amount.
    - **Example**: *Daj mi bokun hljeba.*
    - **Translation**: Give me a small piece of bread.
10. **Brajko**
    - **Meaning**: Bro, friend.
    - **Example**: *Kako si, brajko moj?*
    - **Translation**: How are you, my bro?
11. **Brljati**
    - **Meaning**: To mess up, act carelessly.
    - **Example**: *Prestani da brljaš i skoncentriši se.*
    - **Translation**: Stop messing up and focus.
12. **Buksna**
    - **Meaning**: Joint (slang for a marijuana cigarette).
    - **Example**: *Smotali su buksnu na plaži.*
    - **Translation**: They rolled a joint on the beach.
13. **Burazer**
    - **Meaning**: Brother, buddy.
    - **Example**: *Šta ima, burazeru?*
    - **Translation**: What's up, bro?
14. **Budža**
    - **Meaning**: Big guy, bulky person.
    - **Example**: *On je prava budža od čovjeka.*
    - **Translation**: He's a really big guy.
15. **Buđav**

- **Meaning**: Moldy, used as an insult to mean outdated or lame.
- **Example**: *Prestani da slušaš te buđave pjesme.*
- **Translation**: Stop listening to those lame songs.

16. **Burek**
    - **Meaning**: Popular food item, also used jokingly to refer to anything great.
    - **Example**: *Ova pjesma je pravi burek!*
    - **Translation**: This song is amazing!

17. **Bajaš**
    - **Meaning**: Someone who brags or exaggerates.
    - **Example**: *Nemoj da bajaš, svi znamo istinu.*
    - **Translation**: Don't brag; we all know the truth.

18. **Bubašvaba**
    - **Meaning**: Cockroach, used to describe someone annoying.
    - **Example**: *Prestani da mi smetaš, bubašvabo!*
    - **Translation**: Stop bothering me, you cockroach!

19. **Baksuz**
    - **Meaning**: Jinx, unlucky person.
    - **Example**: *Taj čovjek je pravi baksuz.*
    - **Translation**: That man is a real jinx.

20. **Budalaština**
    - **Meaning**: Nonsense, foolishness.
    - **Example**: *Prestani da pričaš budalaštine!*
    - **Translation**: Stop talking nonsense!

C

1. **Caka**
   - **Meaning**: Trick, catch.
   - **Example**: *Postoji neka caka u tom poslu.*
   - **Translation**: There's some trick in that deal.
2. **Cirkus**
   - **Meaning**: Chaos, craziness.
   - **Example**: *Bio je pravi cirkus na utakmici.*
   - **Translation**: It was total chaos at the match.
3. **Cuga**
   - **Meaning**: Alcoholic drink.
   - **Example**: *Idemo na cugu večeras.*
   - **Translation**: Let's go for a drink tonight.
4. **Cvikati**
   - **Meaning**: To be scared, to chicken out.
   - **Example**: *Nemoj da cvikaš, kreni već jednom!*
   - **Translation**: Don't chicken out, just go for it!
5. **Cima**
   - **Meaning**: Effort, hustle.
   - **Example**: *Sve zavisi koliko se cimaš.*
   - **Translation**: It all depends on how much effort you put in.
6. **Ciljati**
   - **Meaning**: To aim for something, to target.
   - **Example**: *Ciljao je na bolji posao.*
   - **Translation**: He aimed for a better job.
7. **Ćošak**
   - **Meaning**: Corner, used for "hanging out in a spot."
   - **Example**: *Vidimo se na ćošku kod pekare.*

- Translation: Let's meet at the corner near the bakery.
8. **Cvrčak**
    - **Meaning**: Talkative person.
    - **Example**: *Cijeli dan pričaš kao neki cvrčak.*
    - **Translation**: You've been talking all day like a cricket.
9. **Cugati**
    - **Meaning**: To drink alcohol (often excessively).
    - **Example**: *Cugao je cijelu noć u kafani.*
    - **Translation**: He drank all night at the pub.
10. **Cunami**
    - **Meaning**: Chaos, overwhelming event.
    - **Example**: *Sve je bio cunami kad su gosti došli.*
    - **Translation**: It was total chaos when the guests arrived.
11. **Cimnuti**
    - **Meaning**: To pull or nudge someone to action.
    - **Example**: *Cimni me ako treba pomoć.*
    - **Translation**: Nudge me if you need help.
12. **Cakan**
    - **Meaning**: Cute, sweet.
    - **Example**: *Tvoj pas je baš cakan.*
    - **Translation**: Your dog is so cute.
13. **Cureti**
    - **Meaning**: To spill the beans, reveal a secret.
    - **Example**: *Nemoj da cureš šta smo pričali!*
    - **Translation**: Don't spill the beans about what we talked about!
14. **Cifra**
    - **Meaning**: A lot of money, large sum.
    - **Example**: *Auto je koštao pravu cifru.*

- Translation: The car cost a fortune.

15. **Ćale**
    - **Meaning**: Dad, old man.
    - **Example**: *Ćale mi je rekao da dođem kući rano.*
    - **Translation**: My dad told me to come home early.

16. **Cvrkut**
    - **Meaning**: Gossip, light chatter.
    - **Example**: *Čuo sam neki cvrkut o vama.*
    - **Translation**: I heard some gossip about you.

17. **Ćutolog**
    - **Meaning**: A quiet or reserved person.
    - **Example**: *On je baš ćutolog u društvu.*
    - **Translation**: He's really quiet in the group.

18. **Cigla**
    - **Meaning**: Phone or item that's outdated and clunky.
    - **Example**: *Šta ćeš s tom ciglom od telefona?*
    - **Translation**: What are you doing with that brick of a phone?

19. **Cangrizalo**
    - **Meaning**: Grouchy person.
    - **Example**: *Ne budi takvo cangrizalo! Uživi malo.*
    - **Translation**: Don't be such a grouch! Lighten up.

20. **Ćale-male**
    - **Meaning**: Small talk, minor issues.
    - **Example**: *Nemoj da se zadržavaš na ćale-male temama.*
    - **Translation**: Don't get stuck on minor issues.

D

1. **Deka**
   - **Meaning**: Grandpa, but also used to jokingly refer to an older man.
   - **Example**: *Što si spor kao deka?*
   - **Translation**: Why are you as slow as a grandpa?
2. **Džek**
   - **Meaning**: Cool, a stand-up guy.
   - **Example**: *On je pravi džek, uvijek pomaže drugima.*
   - **Translation**: He's a real stand-up guy, always helping others.
3. **Drogirati**
   - **Meaning**: To be overly obsessed with something.
   - **Example**: *Drogiraš se fudbalom, opusti se malo.*
   - **Translation**: You're obsessed with football; relax a bit.
4. **Džidža**
   - **Meaning**: Fancy or flashy object.
   - **Example**: *Što će ti te džidže na telefonu?*
   - **Translation**: Why do you need all those flashy things on your phone?
5. **Džaba**
   - **Meaning**: For free or in vain.
   - **Example**: *Sve sam uradio, ali džaba.*
   - **Translation**: I did everything, but it was in vain.
6. **Džumbus**
   - **Meaning**: Mess, chaos.

- **Example**: *Napravili ste pravi džumbus u sobi.*
- **Translation**: You've made a real mess in the room.

7. **Dunster**
   - **Meaning**: Someone clueless or naive.
   - **Example**: *Nemoj da ispadneš dunster pred svima.*
   - **Translation**: Don't come off as clueless in front of everyone.

8. **Drlja**
   - **Meaning**: Messy or low-quality thing or work.
   - **Example**: *Ovo što si napisao je prava drlja.*
   - **Translation**: What you wrote is a real mess.

9. **Dža-bu**
   - **Meaning**: Hit-and-run, quick in and out.
   - **Example**: *Napravimo dža-bu na utakmici pa idemo kući.*
   - **Translation**: We'll quickly go to the game and head home.

10. **Drekavac**
    - **Meaning**: Someone loud or obnoxious.
    - **Example**: *Prekini da vrištiš kao drekavac!*
    - **Translation**: Stop screaming like an obnoxious brat!

11. **Dileja**
    - **Meaning**: Fool, idiot.
    - **Example**: *Nemoj da ispadaš dileja pred svima.*
    - **Translation**: Don't act like an idiot in front of everyone.

12. **Džidžan**
    - **Meaning**: Overly dressed up or decorated.
    - **Example**: *Što si se džidžao za običnu kafu?*

- **Translation**: Why are you all dressed up for a simple coffee?

13. **Drmator**
    - **Meaning**: Big boss, someone in charge.
    - **Example**: *On je drmator u toj firmi.*
    - **Translation**: He's the big boss in that company.

14. **Divljak**
    - **Meaning**: Wild person, someone uncivilized.
    - **Example**: *Prestani da se ponašaš kao divljak.*
    - **Translation**: Stop acting like a wild person.

15. **Drnda**
    - **Meaning**: To nag or annoy.
    - **Example**: *Prestani da me drndaš stalno za sitnice.*
    - **Translation**: Stop nagging me all the time about little things.

16. **Džeparac**
    - **Meaning**: Pocket money, allowance.
    - **Example**: *Tata mi je dao džeparac za izlazak.*
    - **Translation**: Dad gave me pocket money for going out.

17. **Džiberski**
    - **Meaning**: Cheap, tacky.
    - **Example**: *To ti je baš džiberski fazon.*
    - **Translation**: That's such a tacky style.

18. **Džangrizalo**
    - **Meaning**: A grumpy person.
    - **Example**: *Ne budi džangrizalo, sve je u redu.*
    - **Translation**: Don't be grumpy; everything's fine.

19. **Dživdžan**
    - **Meaning**: Nosy person.
    - **Example**: *On je pravi dživdžan, sve ga zanima.*
    - **Translation**: He's so nosy; he's interested in everything.
20. **Dužan ko Grčka**
    - **Meaning**: Very indebted (metaphorical).
    - **Example**: *On je dužan ko Grčka, ne zna šta će.*
    - **Translation**: He's in so much debt, he doesn't know what to do.

E

1. **Evo ga**
   - **Meaning**: There he/she is (often used sarcastically).
   - **Example**: *Evo ga, opet kasni kao i uvijek!*
   - **Translation**: There he is, late as always!
2. **Ekipa**
   - **Meaning**: Squad, group of friends.
   - **Example**: *Idemo s ekipom na more.*
   - **Translation**: We're going to the seaside with the squad.
3. **Eci-peci-pec**
   - **Meaning**: Eeny, meeny, miny, moe (used when making choices).
   - **Example**: *Birali smo mjesto za izlazak: eci-peci-pec.*
   - **Translation**: We chose a place to go out: eeny, meeny, miny, moe.
4. **Ekser**
   - **Meaning**: Nail, also slang for something sharp or intense.
   - **Example**: *Ovaj koncert je bio ekser!*
   - **Translation**: This concert was sharp (amazing)!
5. **Elita**
   - **Meaning**: Elite, but used ironically for show-offs.
   - **Example**: *Ponaša se kao da je neka elita.*
   - **Translation**: He acts like he's some kind of elite.
6. **Eho**

- **Meaning**: Echo, used for someone who repeats what others say.
- **Example**: *Prestani da budeš eho, reci nešto svoje!*
- **Translation**: Stop being an echo, say something original!

7. **Evropljanin**
   - **Meaning**: European, used sarcastically for someone acting posh.
   - **Example**: *Evo ga naš evropljanin, pije vino na slamku.*
   - **Translation**: Here's our European, drinking wine with a straw.

8. **Epoha**
   - **Meaning**: Era, used sarcastically to describe someone outdated.
   - **Example**: *Ti si iz neke druge epohe, brate.*
   - **Translation**: You're from another era, man.

9. **Eglen**
   - **Meaning**: Casual chat, banter.
   - **Example**: *Imali smo dobar eglen uz kafu.*
   - **Translation**: We had a good chat over coffee.

10. **Erna**
    - **Meaning**: Quick, brief moment.
    - **Example**: *Bilo je super, ali trajalo je samo ernu.*
    - **Translation**: It was great, but it lasted just a moment.

11. **Eskivirati**
    - **Meaning**: To dodge or avoid something.
    - **Example**: *Eskivirao je pitanja o svom privatnom životu.*
    - **Translation**: He dodged questions about his personal life.

12. **Energičan**
    - **Meaning**: Energetic, used for hyperactive people.
    - **Example**: *Kako si uvijek tako energičan ujutru?*
    - **Translation**: How are you always so energetic in the morning?
13. **Ekspert**
    - **Meaning**: Expert, often used sarcastically.
    - **Example**: *Evo našeg eksperta za sve teme!*
    - **Translation**: Here's our expert on every topic!
14. **Eksplozija**
    - **Meaning**: Explosion, used for an amazing event or experience.
    - **Example**: *Zabava je bila prava eksplozija!*
    - **Translation**: The party was a real blast!
15. **Epski**
    - **Meaning**: Epic, for something impressive or unbelievable.
    - **Example**: *Taj gol je bio epski.*
    - **Translation**: That goal was epic.
16. **Evakuacija**
    - **Meaning**: Evacuation, slang for escaping a bad situation.
    - **Example**: *Napravili smo evakuaciju iz dosadne žurke.*
    - **Translation**: We escaped from the boring party.
17. **Euforija**
    - **Meaning**: Euphoria, used for a state of extreme excitement.
    - **Example**: *Bila je prava euforija posle pobjede.*

- Translation: There was real euphoria after the win.

18. **Ekstra**
    - **Meaning**: Extra, meaning great or excellent.
    - **Example**: *Taj film je bio ekstra.*
    - **Translation**: That movie was great.

19. **Epopeja**
    - **Meaning**: Epic tale, used for someone over-dramatizing a situation.
    - **Example**: *Nemoj da praviš epopeju od običnog problema.*
    - **Translation**: Don't make an epic tale out of a simple problem.

20. **Efendija**
    - **Meaning**: Gentleman, used sarcastically for someone acting overly refined.
    - **Example**: *Naš efendija ne jede ništa bez escajga.*
    - **Translation**: Our gentleman doesn't eat anything without utensils.

F

1. **Fazon**
   - **Meaning**: Style, vibe, or approach.
   - **Example**: *Koji je tvoj fazon za večeras?*
   - **Translation**: What's your vibe for tonight?
2. **Fleka**
   - **Meaning**: Mistake or embarrassing moment.
   - **Example**: *Bacio je fleku na javnom govoru.*
   - **Translation**: He made an embarrassing mistake during the speech.
3. **Fora**
   - **Meaning**: Trick, joke, or clever idea.
   - **Example**: *Koja je fora s tom pričom?*
   - **Translation**: What's the deal with that story?
4. **Fercera**
   - **Meaning**: Works or functions well.
   - **Example**: *Telefon ti baš fercera.*
   - **Translation**: Your phone works really well.
5. **Fijuknuti**
   - **Meaning**: To lose your temper or act irrationally.
   - **Example**: *Fijuknuo je kad su mu rekli vijesti.*
   - **Translation**: He lost it when they told him the news.
6. **Fakin**
   - **Meaning**: Rascal or troublemaker.
   - **Example**: *On je pravi fakin u društvu.*

- o **Translation**: He's a real troublemaker in the group.
7. **Fuj**
    - o **Meaning**: Gross, disgusting.
    - o **Example**: *Ovaj sok je baš fuj.*
    - o **Translation**: This juice is really gross.
8. **Flašica**
    - o **Meaning**: A small bottle, often referring to alcohol.
    - o **Example**: *Donio je flašicu rakije za društvo.*
    - o **Translation**: He brought a small bottle of rakija for the group.
9. **Folirati**
    - o **Meaning**: To fake or pretend.
    - o **Example**: *Prestani da se foliraš, svi znamo istinu.*
    - o **Translation**: Stop pretending; we all know the truth.
10. **Fazonirati**
    - o **Meaning**: To decorate or improve the style of something.
    - o **Example**: *Fazonirao je svoju sobu.*
    - o **Translation**: He decorated his room.
11. **Fenomen**
    - o **Meaning**: Phenomenon, used for someone extraordinary.
    - o **Example**: *On je pravi fenomen u sportu.*
    - o **Translation**: He's a real phenomenon in sports.
12. **Frka**
    - o **Meaning**: Panic or trouble.
    - o **Example**: *Šta praviš frku zbog sitnice?*
    - o **Translation**: Why are you panicking over a small thing?
13. **Fišek**

- Meaning: Small paper cone, often for snacks.
- Example: *Kupio je fišek kokica.*
- Translation: He bought a cone of popcorn.

14. Fiks
- Meaning: Obsession or strong focus on something.
- Example: *Ima fiks na igrice, igra svaki dan.*
- Translation: He's obsessed with video games; he plays every day.

15. Futrola
- Meaning: Cover, often for a phone.
- Example: *Gdje si kupio tu futrolu za telefon?*
- Translation: Where did you buy that phone cover?

16. Fajront
- Meaning: Closing time, end of an event.
- Example: *Kad je fajront u kafani?*
- Translation: When is closing time at the pub?

17. Fijat
- Meaning: Small car (referring to the Fiat brand, used humorously).
- Example: *Vozi mali fijat kroz grad.*
- Translation: He drives a small Fiat around the city.

18. Feler
- Meaning: Defect or flaw.
- Example: *Ovaj TV ima neki feler.*
- Translation: This TV has some defect.

19. Flipnuti
- Meaning: To lose your temper or go crazy.
- Example: *Flipnuo je kad je čuo šta se desilo.*

- o **Translation**: He flipped out when he heard what happened.

20. **Fleš**
    - o **Meaning**: Flashback or sudden memory.
    - o **Example**: *Imao sam fleš iz djetinjstva.*
    - o **Translation**: I had a flashback from childhood.

G

1. **Guzva**
   - **Meaning**: Crowd or mess.
   - **Example**: *Ne idem na plažu kad je guzva.*
   - **Translation**: I don't go to the beach when it's crowded.
2. **Goreti**
   - **Meaning**: To be excited or in a tense situation.
   - **Example**: *Gorimo za utakmicu večeras!*
   - **Translation**: We're so excited about the game tonight!
3. **Gajba**
   - **Meaning**: House or apartment.
   - **Example**: *Idemo kod njega u gajbu posle žurke.*
   - **Translation**: We're going to his place after the party.
4. **Grijesnik**
   - **Meaning**: A troublemaker, often used jokingly.
   - **Example**: *Evo našeg starog griješnika.*
   - **Translation**: Here's our old troublemaker.
5. **Grickati**
   - **Meaning**: To snack or nibble on something.
   - **Example**: *Grickali smo čips dok smo gledali film.*

- o **Translation**: We were snacking on chips while watching a movie.
6. **Gadno**
    - o **Meaning**: Bad or tough situation.
    - o **Example**: *Bilo je gadno kad je počela oluja.*
    - o **Translation**: It got bad when the storm started.
7. **Glupiranje**
    - o **Meaning**: Acting silly or foolish.
    - o **Example**: *Prestani sa glupiranjem, ozbiljno te pitam.*
    - o **Translation**: Stop acting silly; I'm asking you seriously.
8. **Gajiti**
    - o **Meaning**: To nurture or grow, also used for emotions.
    - o **Example**: *Gajim dobar osjećaj prema ovom gradu.*
    - o **Translation**: I have good feelings about this city.
9. **Guzonja**
    - o **Meaning**: A big shot, someone privileged.
    - o **Example**: *On je pravi guzonja, sve dobija lako.*
    - o **Translation**: He's a real big shot; he gets everything easily.
10. **Grmalj**
    - o **Meaning**: A big, strong person.
    - o **Example**: *On je pravi grmalj, niko mu ne smije prići.*
    - o **Translation**: He's a real giant; no one dares approach him.
11. **Glava**
    - o **Meaning**: Head, often used for person or leader.

- Example: *On je glavna glava u timu.*
- Translation: He's the main guy in the team.

12. **Gistro**
    - Meaning: Seriously or truly (often ironically).
    - Example: *Gistro si majstor, a promašio si cijeli zid!*
    - Translation: You're seriously a pro, but you missed the whole wall!

13. **Gomila**
    - Meaning: A lot or a group of people.
    - Example: *Bila je gomila ljudi na koncertu.*
    - Translation: There were a ton of people at the concert.

14. **Gnjaviti**
    - Meaning: To bother or annoy.
    - Example: *Ne gnjavi me s glupim pitanjima.*
    - Translation: Don't bother me with stupid questions.

15. **Gazda**
    - Meaning: Boss, often used jokingly.
    - Example: *Evo gazde, stigao je da sve sredi.*
    - Translation: Here comes the boss, ready to fix everything.

16. **Grof**
    - Meaning: Count or nobleman, used sarcastically.
    - Example: *Evo našeg grofa, sve mora biti po njegovom.*
    - Translation: Here's our nobleman; everything has to be his way.

17. **Guzvanje**
    - Meaning: Rough play or scuffle.
    - Example: *Bilo je malo guzvanja na utakmici.*

- **Translation**: There was a bit of rough play at the game.

18. **Gubljenje**
    - **Meaning**: Waste of time.
    - **Example**: *Ovo je čisto gubljenje vremena.*
    - **Translation**: This is a complete waste of time.
19. **Guzica**
    - **Meaning**: Butt, often used for laziness.
    - **Example**: *Digni guzicu i uradi nešto korisno!*
    - **Translation**: Get off your butt and do something useful!
20. **Glupan**
    - **Meaning**: Fool, idiot.
    - **Example**: *Nemoj da ispadneš glupan pred svima.*
    - **Translation**: Don't act like an idiot in front of everyone.

H

1. **Haos**
   - **Meaning**: Chaos, used for something wild or extreme.
   - **Example**: *Na žurci je bio totalni haos.*
   - **Translation**: The party was total chaos.
2. **Hajka**
   - **Meaning**: A pursuit or intense focus on something.
   - **Example**: *Pokrenuli su hajku na tog pjevača.*
   - **Translation**: They started a campaign against that singer.
3. **Hladovina**
   - **Meaning**: A chill, relaxed situation.
   - **Example**: *Sjede u hladovini i ne rade ništa.*
   - **Translation**: They're sitting in the shade, doing nothing.
4. **Hendlanje**
   - **Meaning**: Handling or managing a situation.
   - **Example**: *Dobro je hendlao komplikovanu situaciju.*
   - **Translation**: He handled the complicated situation well.
5. **Havarija**
   - **Meaning**: Disaster, often used humorously.
   - **Example**: *Kuhinja ti je prava havarija!*
   - **Translation**: Your kitchen is a real disaster!
6. **Hvalisavac**

- **Meaning**: Braggart, someone who boasts a lot.
- **Example**: *Prestani da budeš hvalisavac, niko ne voli to.*
- **Translation**: Stop being a braggart; no one likes that.

7. **Hitičan**
   - **Meaning**: Urgent or critical.
   - **Example**: *Ovo je hitno i hitično, moraš to odmah riješiti.*
   - **Translation**: This is urgent and critical; you must solve it immediately.

8. **Hraniti maštu**
   - **Meaning**: To fuel imagination or daydreaming.
   - **Example**: *Gledanje tih filmova hrani moju maštu.*
   - **Translation**: Watching those movies fuels my imagination.

9. **Hajd' tamo**
   - **Meaning**: Go away, often jokingly.
   - **Example**: *Ma hajd' tamo, nisi ti ozbiljan!*
   - **Translation**: Oh, go away; you're not serious!

10. **Hibernacija**
    - **Meaning**: Being in a dormant or lazy state.
    - **Example**: *Bio je u hibernaciji cijeli vikend.*
    - **Translation**: He was in hibernation all weekend.

11. **Hladnokrvan**
    - **Meaning**: Cold-blooded, calm under pressure.
    - **Example**: *Bio je hladnokrvan tokom cijele svađe.*

- **Translation**: He stayed calm during the entire argument.

12. **Hekleraj**
    - **Meaning**: Gossip or unnecessary chatter.
    - **Example**: *Dosta je bilo tog hekleraja, ajmo nešto konkretno.*
    - **Translation**: Enough of this gossip; let's do something concrete.
13. **Hakat**
    - **Meaning**: To attack or criticize someone.
    - **Example**: *Prestani da ga hakaš, nije ništa kriv.*

- **Translation**: Stop attacking him; he did nothing wrong.

14. **Hendikep**
    - **Meaning**: A disadvantage or obstacle.
    - **Example**: *To je veliki hendikep za tim.*
    - **Translation**: That's a big disadvantage for the team.
15. **Hitoidno**
    - **Meaning**: Something trendy or popular.
    - **Example**: *Ta pjesma je baš hitoidna.*
    - **Translation**: That song is really trendy.
16. **Hoj, moj**
    - **Meaning**: Whatever, I don't care.
    - **Example**: *Šta god da kažeš, hoj, moj.*
    - **Translation**: Whatever you say, I don't care.
17. **Huka i buka**
    - **Meaning**: Noise and commotion.
    - **Example**: *Ne volim huku i buku u gradu.*

- **Translation**: I don't like the noise and commotion in the city.

18. Hibernirati
- **Meaning**: To stay inactive or lazy.
- **Example**: *Planiram da hiberniram tokom odmora.*
- **Translation**: I plan to stay inactive during the vacation.

19. Humorista
- **Meaning**: A funny person, often sarcastically.
- **Example**: *Evo našeg humoriste, uvijek ima neki komentar.*
- **Translation**: Here's our comedian; he always has a comment.

20. Hrabro srce
- **Meaning**: A brave person, often used as a compliment.
- **Example**: *Ti si pravo hrabro srce, svaka čast.*
- **Translation**: You're a real braveheart; respect.

I

1. **Izvaliti**
   - **Meaning**: To say something funny or outrageous.
   - **Example**: *Izvalio je neku glupost, svi smo se smijali.*
   - **Translation**: He said something ridiculous, and we all laughed.
2. **Izguzvati**
   - **Meaning**: To mess up or ruin something.
   - **Example**: *Izguzvao je cijeli plan svojim idejama.*
   - **Translation**: He ruined the whole plan with his ideas.
3. **Izvisiti**
   - **Meaning**: To miss out or be left out.
   - **Example**: *Izvisio je za karte, rasprodale su se.*
   - **Translation**: He missed out on the tickets; they were sold out.
4. **Izletiti**
   - **Meaning**: To slip up or say something accidentally.
   - **Example**: *Izletio je s tom tajnom pred svima.*
   - **Translation**: He accidentally revealed that secret in front of everyone.
5. **Ispaliti**

- o **Meaning**: To stand someone up or not show up.
- o **Example**: *Ispalila me, nisam je vidio cijelu večer.*
- o **Translation**: She stood me up; I didn't see her all evening.

6. **Iskulirati**
   - o **Meaning**: To chill or ignore something.
   - o **Example**: *Iskuliraj, nije to ništa ozbiljno.*
   - o **Translation**: Chill out, it's not a big deal.

7. **Izgoreti**
   - o **Meaning**: To get overly excited or stressed.
   - o **Example**: *Izgorio je zbog ispita.*
   - o **Translation**: He got really stressed about the exam.

8. **Iznervirati**
   - o **Meaning**: To annoy or upset someone.
   - o **Example**: *Baš si me iznervirao s tim komentarom.*
   - o **Translation**: You really annoyed me with that comment.

9. **Izvaljivanje**
   - o **Meaning**: Saying silly or funny things.
   - o **Example**: *Njegovo izvaljivanje uvijek nasmije društvo.*
   - o **Translation**: His funny remarks always make the group laugh.

10. **Izgibija**
    - o **Meaning**: A total mess or disaster.
    - o **Example**: *Na stolu je prava izgibija nakon ručka.*
    - o **Translation**: The table is a total mess after lunch.

11. **Izduvati**
    - o **Meaning**: To let go or fail at something.

- **Example**: *Izduvao je na poslednjem zadatku.*
- **Translation**: He failed on the last task.

12. **Izriban**
    - **Meaning**: Criticized or scolded.
    - **Example**: *Izriban je od strane šefa za kašnjenje.*

- **Translation**: He got scolded by the boss for being late.

13. **Isflekati**
    - **Meaning**: To stain something.
    - **Example**: *Isflekala je novu haljinu kafom.*
    - **Translation**: She stained her new dress with coffee.

14. **Ispušiti**
    - **Meaning**: To fail or lose out.
    - **Example**: *Ispušio je na kartama, ništa nije dobio.*
    - **Translation**: He lost at cards; he didn't win anything.

15. **Izgurati**
    - **Meaning**: To push through or manage to finish something.
    - **Example**: *Izgurali su projekat do kraja.*
    - **Translation**: They pushed the project through to the end.

16. **Istrčati se**
    - **Meaning**: To act impulsively or without thinking.
    - **Example**: *Istrčao se s idejom prije nego što je razmislio.*
    - **Translation**: He blurted out an idea before thinking it through.

17. **Izblejati**
    - **Meaning**: To hang out or spend time aimlessly.
    - **Example**: *Cijelo popodne smo izblejali u parku.*
    - **Translation**: We spent the whole afternoon hanging out in the park.
18. **Ispran mozak**
    - **Meaning**: Brainwashed or gullible.
    - **Example**: *Vidi se da ima ispran mozak od tih priča.*
    - **Translation**: You can see he's brainwashed by those stories.
19. **Izmusti**
    - **Meaning**: To exploit or take advantage of someone.
    - **Example**: *Izmuzli su ga za sve pare.*
    - **Translation**: They took all his money.
20. **Izletište**
    - **Meaning**: A place for a quick outing or getaway.
    - **Example**: *Otišli smo na izletište da se opustimo.*
    - **Translation**: We went to a getaway spot to relax.

J

1. **Jaran**
   - **Meaning**: Friend or buddy.
   - **Example**: *Idem kod jarana na pivo.*
   - **Translation**: I'm going to my buddy's place for a beer.
2. **Jalova priča**
   - **Meaning**: Empty talk or pointless conversation.
   - **Example**: *Prestani s jalovim pričama, pređi na stvar.*
   - **Translation**: Stop with the empty talk; get to the point.
3. **Jadnik**
   - **Meaning**: A pitiful or unfortunate person.
   - **Example**: *On je pravi jadnik, stalno mu nešto ne ide.*
   - **Translation**: He's such an unfortunate guy; nothing ever works out for him.
4. **Jedva živa**
   - **Meaning**: Barely alive, used to describe exhaustion.
   - **Example**: *Posle trčanja, bila sam jedva živa.*
   - **Translation**: After running, I was barely alive.
5. **Jasno ko dan**
   - **Meaning**: Clear as day.

- **Example**: *Jasno ko dan da nas je slagao.*
- **Translation**: It's clear as day that he lied to us.

6. **Jeftino proći**
   - **Meaning**: To get off easy or with minimal consequences.
   - **Example**: *Dobio je samo opomenu, jeftino je prošao.*
   - **Translation**: He only got a warning; he got off easy.

7. **Jutro poslije**
   - **Meaning**: The aftermath, often after a wild night.
   - **Example**: *Jutro poslije žurke je bilo katastrofa.*
   - **Translation**: The morning after the party was a disaster.

8. **Jagnjeća brigada**
   - **Meaning**: People who attend every feast or gathering.
   - **Example**: *Evo jagnjeće brigade, stigli su na svadbu prvi.*
   - **Translation**: Here comes the feast crew; they were the first at the wedding.

9. **Jurišnik**
   - **Meaning**: Someone who rushes into things.
   - **Example**: *Uvijek je bio pravi jurišnik, sve radi na brzinu.*
   - **Translation**: He's always been a go-getter, rushing into everything.

10. **Jeziv**
    - **Meaning**: Creepy or unsettling.
    - **Example**: *Taj film je bio jeziv, nisam mogla spavati.*

- Translation: That movie was creepy; I couldn't sleep.

11. **Još kako**
    - **Meaning**: Absolutely, of course.
    - **Example**: *Je li moguće da je uspio? Još kako!*
    - **Translation**: Is it possible he succeeded? Absolutely!

12. **Jadan ti**
    - **Meaning**: Poor you, often sarcastic.
    - **Example**: *Jadan ti, moraš ustati rano za posao.*
    - **Translation**: Poor you, you have to wake up early for work.

13. **Jok more**
    - **Meaning**: No way or absolutely not.
    - **Example**: *Da li ćeš mu oprostiti? Jok more!*
    - **Translation**: Will you forgive him? No way!

14. **Jevtić**
    - **Meaning**: Someone who is cheap or stingy.
    - **Example**: *On je pravi Jevtić, nikad ništa ne plati.*
    - **Translation**: He's so stingy; he never pays for anything.

15. **Jezik brži od pameti**
    - **Meaning**: Someone who speaks without thinking.
    - **Example**: *Uvijek ti jezik bude brži od pameti.*
    - **Translation**: Your tongue is always quicker than your brain.

16. **Juri lovu**
    - **Meaning**: Chasing money or working hard to earn.

- Example: *Cijeli dan juri lovu, nema vremena ni za šta drugo.*
- Translation: He's chasing money all day; he doesn't have time for anything else.

17. **Jezik pregrizao**
    - **Meaning**: To regret saying something.
    - **Example**: *Bolje bi bilo da si jezik pregrizao prije nego što si to rekao.*
    - **Translation**: You should have bitten your tongue before saying that.

18. **Jaka stvar**
    - **Meaning**: Big deal, often sarcastically.
    - **Example**: *Nisi došao na žurku? Jaka stvar.*
    - **Translation**: You didn't come to the party? Big deal.

19. **Jedva čekam**
    - **Meaning**: I can't wait.
    - **Example**: *Jedva čekam da idem na more.*
    - **Translation**: I can't wait to go to the seaside.

20. **Jasna priča**
    - **Meaning**: A straightforward or clear situation.
    - **Example**: *Sve je to jasna priča, nema potrebe za objašnjenjem.*
    - **Translation**: It's all straightforward; no explanation is needed.

K

1. **Kika**
   - **Meaning**: A small, cute thing or a nickname for a close friend.
   - **Example**: *Vidim te, kika, kako si?*
   - **Translation**: I see you, buddy, how are you?
2. **Kompjuterski um**
   - **Meaning**: A person who is very logical or efficient, often in handling tasks.
   - **Example**: *On ima kompjuterski um, sve riješi u sekundi.*
   - **Translation**: He has a computer mind; he solves everything in a second.
3. **Kmečati**
   - **Meaning**: To whine or complain.
   - **Example**: *Prestani kmečati zbog svakog problema.*
   - **Translation**: Stop whining about every little problem.
4. **Kafa s mlijekom**
   - **Meaning**: A mild or easy situation.
   - **Example**: *To je bila kafa s mlijekom u poređenju s onim što nas čeka.*
   - **Translation**: That was easy compared to what's coming.

5. **Kratak spoj**
   - **Meaning**: A quick, intense situation that goes wrong or out of control.
   - **Example**: *Poslije te svađe došlo je do kratkog spoja u komunikaciji.*
   - **Translation**: After that argument, there was a communication breakdown.
6. **Kao bundeva**
   - **Meaning**: A person who is slow or not very bright.
   - **Example**: *Ti si kao bundeva, nikako da shvatiš.*
   - **Translation**: You're like a pumpkin, you can't seem to understand.
7. **Kopati**
   - **Meaning**: To search for something or to work hard at something.
   - **Example**: *Cijeli dan kopam po starim stvarima.*
   - **Translation**: I've been digging through old stuff all day.
8. **Kavica**
   - **Meaning**: A casual coffee, often used for hanging out.
   - **Example**: *Hajde na kavicu, trebam da pričamo.*
   - **Translation**: Let's grab a coffee; we need to talk.
9. **Kovač**
   - **Meaning**: A person who works hard to achieve something, a hard worker.
   - **Example**: *On je pravi kovač, uvijek je u pokretu.*
   - **Translation**: He's a true worker; he's always on the move.

10. **Krompir**
    - **Meaning**: A term used to describe something or someone as average or basic.
    - **Example**: *Njegova ideja je bila krompir, ništa specijalno.*
    - **Translation**: His idea was basic, nothing special.
11. **Kant**
    - **Meaning**: A waste of time, useless.
    - **Example**: *Ta predstava je bila potpuni kant.*
    - **Translation**: That performance was a complete waste.
12. **Kopčati**
    - **Meaning**: To get it, to understand.
    - **Example**: *Nadam se da si konačno kopčao šta se dešava.*
    - **Translation**: I hope you've finally figured out what's going on.
13. **Kreveti i jastuci**
    - **Meaning**: Things that make up comfort, often used when someone is not motivated.
    - **Example**: *Samo ti trebaju kreveti i jastuci, cijeli dan spavaš.*
    - **Translation**: All you need are beds and pillows; you sleep all day.
14. **Krenuti u akciju**
    - **Meaning**: To get things moving, to take action.
    - **Example**: *Vrijeme je da krenemo u akciju, moramo završiti projekat.*
    - **Translation**: It's time to get moving, we need to finish the project.
15. **Kamen temeljac**
    - **Meaning**: The foundation, something fundamental.

- Example: *To je kamen temeljac za našu budućnost.*
- Translation: That's the foundation for our future.

16. **Kao rakija**
    - Meaning: Something that is strong or intense.
    - Example: *Njegova volja je kao rakija, nevjerovatno jaka.*
    - Translation: His willpower is like rakija, incredibly strong.

17. **Krokodilske suze**
    - Meaning: Fake tears, someone who pretends to cry.
    - Example: *Nema potrebe za krokodilske suze, sve će biti u redu.*
    - Translation: No need for fake tears, everything will be fine.

18. **Kopilad**
    - Meaning: A term for children from an unwanted or difficult situation, can be offensive.
    - Example: *Nemoj da se ponašaš kao kopilad.*
    - Translation: Don't act like a brat.

19. **Kosa do ramena**
    - Meaning: A typical hairstyle, often referencing something simple and easy-going.
    - Example: *Nosiš kosu do ramena, kao i uvijek.*
    - Translation: You're wearing your hair shoulder-length, as always.

20. **Kreativni nered**

- **Meaning**: A productive mess, when something looks chaotic but is actually working.
- **Example**: *Njegov radni prostor je kreativni nered.*
- **Translation**: His workspace is a creative mess.

L

1. **Lagana kava**
   - **Meaning**: Easy-going coffee, often used to describe a relaxed or casual time.
   - **Example**: *Popijmo laganu kavu i pričajmo o svemu.*
   - **Translation**: Let's have a relaxed coffee and talk about everything.
2. **Luda glava**
   - **Meaning**: Someone who is crazy or wild, often in a fun way.
   - **Example**: *On je prava luda glava, stalno ima neku avanturu.*
   - **Translation**: He's a real wild one; he's always up for an adventure.
3. **Lupiti glavu o zid**
   - **Meaning**: To do something pointless or frustrating.
   - **Example**: *Pokušao je to milion puta, samo lupiti glavu o zid.*
   - **Translation**: He tried a million times; it's like banging your head against a wall.
4. **Lova u džepu**

- **Meaning**: Having money or being financially comfortable.
- **Example**: *Sada imaš lovu u džepu, možeš kupiti sve što hoćeš.*
- **Translation**: Now you've got money in your pocket; you can buy anything you want.

5. **Lepo je biti loš**
    - **Meaning**: A sarcastic way of saying that it's sometimes fun to break the rules.
    - **Example**: *Lepo je biti loš, nikad nije dosadno.*
    - **Translation**: It's nice to be bad; it's never boring.

6. **Lajkovati**
    - **Meaning**: To like something on social media.
    - **Example**: *Lajkovao sam tvoju sliku, super je!*
    - **Translation**: I liked your picture; it's great!

7. **Luda vožnja**
    - **Meaning**: A crazy or intense experience.
    - **Example**: *Bio je to prava luda vožnja na koncertu.*
    - **Translation**: It was a real crazy ride at the concert.

8. **Lopovski trik**
    - **Meaning**: A sly or dishonest trick.
    - **Example**: *To je bio lopovski trik da ti uzme pare.*
    - **Translation**: That was a scam to take your money.

9. **Lepo smo se zabavili**
    - **Meaning**: We had a great time.

- Example: *Na žurki prošle noći, lepo smo se zabavili.*
- Translation: At the party last night, we had a great time.

10. **Lomiti prste**
    - **Meaning**: To anticipate or be excited for something.
    - **Example**: *Lomićeš prste na utakmici, biće spektakl.*
    - **Translation**: You'll be on the edge of your seat during the match; it's going to be a spectacle.

11. **Lako je reći**
    - **Meaning**: It's easy to say, but harder to do.
    - **Example**: *Lako je reći, ali teško je ostvariti.*
    - **Translation**: It's easy to say, but hard to achieve.

12. **Lica u boji**
    - **Meaning**: Something that is quite emotional, often used when someone is blushing or embarrassed.
    - **Example**: *Vidim da su ti lica u boji, šta ti je?*
    - **Translation**: I see your face is turning red; what's going on?

13. **Lopta u mreži**
    - **Meaning**: Something that's a perfect or guaranteed success.
    - **Example**: *Ovo je lopta u mreži, siguran sam da ćemo uspjeti.*
    - **Translation**: This is a sure thing; I'm certain we will succeed.

14. **Lukav kao lisica**
    - **Meaning**: Very sly or clever.

- Example: *On je lukav kao lisica, nikad ne znaš šta misli.*
- Translation: He's as sly as a fox; you never know what he's thinking.

15. **Lupanac**
    - Meaning: Someone who is loud or a bit obnoxious.
    - Example: *Previše se derao na utakmici, pravi lupanac.*
    - Translation: He was shouting too much at the match; a real loudmouth.

16. **Lako je biti kritičar**
    - Meaning: It's easy to criticize, but harder to take action.
    - Example: *Lako je biti kritičar, ali pokušaj nešto da promijeniš.*
    - Translation: It's easy to be a critic, but try to change something.

17. **Lomiti usta**
    - Meaning: To talk a lot or to be overconfident.
    - Example: *Ne lomiti usta, već nešto uradi.*
    - Translation: Stop talking so much and do something.

18. **Lajkovati do neba**
    - Meaning: To exaggerate liking something or someone.
    - Example: *Lajkovala je tvoje slike do neba, sigurno te voli.*
    - Translation: She liked your pictures to the moon; she must love you.

19. **Ludača**
    - Meaning: A crazy or eccentric person.
    - Example: *Ona je prava ludača, uvijek izmišlja nešto novo.*

- **Translation**: She's a real crazy person; she's always coming up with something new.

20. **Lepo zvuči**
    - **Meaning**: It sounds good, often used when something seems promising.
    - **Example**: *Tvoj plan zvuči lepo, hajde da probamo.*
    - **Translation**: Your plan sounds good; let's give it a try.

M

1. **Mali mozak**
   - **Meaning**: A person who is not very intelligent, often used sarcastically.
   - **Example**: *Ne možeš to shvatiti? Mali mozak!*
   - **Translation**: You can't understand that? You've got a small brain!
2. **Mašiti loptu**
   - **Meaning**: To fail at something, especially when trying but missing the target.
   - **Example**: *Pokušao je, ali je samo mašio loptu.*
   - **Translation**: He tried, but he just missed the target.
3. **Muda na stolu**
   - **Meaning**: To be brave or daring, to put everything on the line.
   - **Example**: *Moramo imati muda na stolu da donesemo ovu odluku.*
   - **Translation**: We need to be bold and make this decision.
4. **Mrljav**

- **Meaning**: Lazy or someone who doesn't want to make an effort.
- **Example**: *On je mrljav, stalno čeka da neko drugi uradi posao.*
- **Translation**: He's lazy; he always waits for someone else to do the job.

5. **Mali bes**
    - **Meaning**: A small fight or argument, usually not serious.
    - **Example**: *Imao sam mali bes sa njim zbog gluposti.*
    - **Translation**: I had a small argument with him over nothing.

6. **Muka ti je**
    - **Meaning**: A phrase used to indicate that someone is in trouble or facing difficulty.
    - **Example**: *Muka ti je, ne znaš šta da radiš.*
    - **Translation**: You're in trouble; you don't know what to do.

7. **Mišiji posao**
    - **Meaning**: Something small or insignificant.
    - **Example**: *Ovo je mišiji posao, ništa specijalno.*
    - **Translation**: This is a small job, nothing special.

8. **Malo sutra**
    - **Meaning**: No chance or definitely not happening.
    - **Example**: *Da li ćeš to završiti do sutra? Malo sutra!*
    - **Translation**: Will you finish it by tomorrow? No chance!

9. **Mastilo**
    - **Meaning**: A term for being involved in paperwork or bureaucracy.

- **Example**: *Opet sam zaglavio u mastilu, ne mogu da završim ništa.*
- **Translation**: I'm stuck in paperwork again; I can't finish anything.

10. **Mastiš se**
    - **Meaning**: To exaggerate or boast about something.
    - **Example**: *Mastiš se previše, svi to znaju.*
    - **Translation**: You're exaggerating too much; everyone knows it.

11. **Muka mi je**
    - **Meaning**: To feel bad or disgusted, often due to a situation.
    - **Example**: *Muka mi je od svega što se dešava.*
    - **Translation**: I'm disgusted by everything that's going on.

12. **Mali genije**
    - **Meaning**: Sarcastically referring to someone who thinks they are smart but is not.
    - **Example**: *Zar misliš da si mali genije?*
    - **Translation**: Do you think you're a little genius?

13. **Madaj**
    - **Meaning**: A playful or affectionate term for a person.
    - **Example**: *Dođi ovamo, madaj!*
    - **Translation**: Come here, buddy!

14. **Muvati**
    - **Meaning**: To flirt or try to impress someone.
    - **Example**: *On je stalno muvao devojke na žurci.*
    - **Translation**: He was constantly flirting with girls at the party.

15. **Mesto u jatu**
    - **Meaning**: To fit in or belong to a group.
    - **Example**: *Našla je svoje mesto u jatu, sada je popularna.*
    - **Translation**: She found her place in the group; now she's popular.
16. **Moj bro**
    - **Meaning**: A term used for a close friend or mate.
    - **Example**: *Ovo je moj bro, znaš da možeš računati na njega.*
    - **Translation**: This is my mate, you know you can count on him.
17. **Muda u džepu**
    - **Meaning**: Feeling confident or in control of a situation.
    - **Example**: *Sada imamo muda u džepu, možemo da idemo dalje.*
    - **Translation**: Now we're in control; we can move forward.
18. **Mladost na čelu**
    - **Meaning**: A way of saying someone is inexperienced or naive.
    - **Example**: *Nemaš pojma, još ti mladost na čelu.*

- **Translation**: You don't have a clue; you're still inexperienced.

19. **Meso i krompir**
    - **Meaning**: The typical, basic meal, symbolizing something standard or typical.
    - **Example**: *On voli samo meso i krompir, ništa drugo.*

- Translation: He only likes meat and potatoes, nothing else.

20. **Muka ti je u glavi**
    - **Meaning**: To be confused or overwhelmed by something.
    - **Example**: *Muka ti je u glavi kad razmišljaš o svim tim problemima.*
    - **Translation**: You're overwhelmed when you think about all those problems.

N

1. **Nema frke**
   - **Meaning**: No problem, everything is fine, no worries.
   - **Example**: *Ako zaboraviš, nema frke, ja ću to srediti.*
   - **Translation**: If you forget, no worries, I'll take care of it.
2. **Ne brini, sve će biti okej**
   - **Meaning**: Don't worry, everything will be fine.
   - **Example**: *Ne brini, sve će biti okej, samo se opusti.*
   - **Translation**: Don't worry, everything will be okay, just relax.
3. **Nema šanse**
   - **Meaning**: No way, there's no chance.
   - **Example**: *Da li ćeš ići sa nama? Nema šanse.*
   - **Translation**: Are you going with us? No way.
4. **Ne jebi se**
   - **Meaning**: An aggressive expression meaning "don't mess with me."
   - **Example**: *Ne jebi se sa mnom, bolje da si ti u pravu.*
   - **Translation**: Don't mess with me; it's better if you're right.
5. **Na silu**

- o **Meaning**: Forcing something, not naturally or easily.
- o **Example**: *Pokušao je da ga ubijedi, ali je sve išlo na silu.*
- o **Translation**: He tried to convince him, but everything was forced.

6. **Nekako**
   - o **Meaning**: Somehow, used when something is done in a non-perfect or makeshift way.
   - o **Example**: *Nekako smo to završili, nije bilo lako.*
   - o **Translation**: We somehow finished it, it wasn't easy.

7. **Nema veze**
   - o **Meaning**: It doesn't matter, it's no big deal.
   - o **Example**: *Ako ne možeš da dođeš, nema veze.*
   - o **Translation**: If you can't come, it doesn't matter.

8. **Nema para**
   - o **Meaning**: No money, often used to explain a lack of resources.
   - o **Example**: *Nemam para za to, biće kasnije.*
   - o **Translation**: I don't have money for that, I'll get it later.

9. **Na svoju ruku**
   - o **Meaning**: To do something on your own, without help or guidance.
   - o **Example**: *Ona je to uradila na svoju ruku, bez ikog da je pita.*
   - o **Translation**: She did it on her own, without asking anyone.

10. **Nabaviti stvari**
    - o **Meaning**: To get what you need, usually under informal or creative means.

- **Example**: *Znam gdje mogu nabaviti stvari, nema problema.*
- **Translation**: I know where I can get things, no problem.

11. **Nema toga**
    - **Meaning**: There's nothing like that, or something is impossible.
    - **Example**: *Nema toga što ne bih uradio za tebe.*
    - **Translation**: There's nothing I wouldn't do for you.

12. **Nema potrebe**
    - **Meaning**: There's no need, no reason.
    - **Example**: *Nema potrebe da se brineš, sve je pod kontrolom.*
    - **Translation**: There's no need to worry, everything is under control.

13. **Nekako do kraja**
    - **Meaning**: To manage something despite difficulties, to push through.
    - **Example**: *Iako je bilo teško, nekako smo došli do kraja.*
    - **Translation**: Even though it was hard, we managed to get through it.

14. **Nešto nije u redu**
    - **Meaning**: Something is wrong or off.
    - **Example**: *Ovo nije u redu, moramo nešto da uradimo.*
    - **Translation**: This is not right, we need to do something.

15. **Nema šta**
    - **Meaning**: Used to say something is nothing special or is just what it is.
    - **Example**: *Nema šta, svi su to već čuli.*

- Translation: It's nothing special; everyone's already heard it.

16. Na čaj
- Meaning: To visit someone briefly, often used in a casual, relaxed sense.
- Example: *Doći ćemo kod tebe na čaj sutra.*
- Translation: We'll come by for tea tomorrow.

17. Na brzinu
- Meaning: Quickly, in a rush.
- Example: *Moram ovo završiti na brzinu.*
- Translation: I need to finish this quickly.

18. Nisam siguran
- Meaning: I'm not sure.
- Example: *Nisam siguran, moram da provjerim.*
- Translation: I'm not sure, I need to check.

19. Nema ništa od toga
- Meaning: It's not going to happen, or something is impossible.
- Example: *Nema ništa od toga, to je već odlučeno.*
- Translation: That's not going to happen, it's already been decided.

20. Na nogama
- Meaning: To be up and moving, not sitting idle.
- Example: *On je stalno na nogama, nikad ne staje.*
- Translation: He's always on the move; he never stops.

O

1. **Opet isto**
   - **Meaning**: The same thing again, often used when something repetitive happens.
   - **Example**: *Opet isto, nikad ništa novo.*
   - **Translation**: The same thing again, never anything new.
2. **Obaviti posao**
   - **Meaning**: To complete a task or job.
   - **Example**: *Moramo obaviti posao prije nego što odeš.*
   - **Translation**: We need to finish the job before you leave.
3. **Obezbijediti sve**
   - **Meaning**: To make sure everything is taken care of.
   - **Example**: *Obezbijediti sve, nema nikakvih problema.*
   - **Translation**: Make sure everything is taken care of, no problems.
4. **Onda, šta sada?**
   - **Meaning**: A rhetorical question used when something unexpected happens or when one is unsure about the next step.
   - **Example**: *Svi su otišli, onda šta sada?*
   - **Translation**: Everyone left, so now what?
5. **Oko mene sve je haos**

- **Meaning**: To be surrounded by chaos or disorder.
- **Example**: *Oko mene sve je haos, ništa ne ide kako treba.*
- **Translation**: Everything around me is chaos, nothing is going right.

6. **Ostati u mirovini**
   - **Meaning**: To take a break from action, not to interfere or participate.
   - **Example**: *Ostani u mirovini i pusti nas da se snađemo.*
   - **Translation**: Stay out of it and let us handle it.

7. **Okliznuti se**
   - **Meaning**: To make a mistake or fail, often unexpectedly.
   - **Example**: *Pokušao je, ali se okliznuo na poslednjem koraku.*
   - **Translation**: He tried, but he slipped up at the last step.

8. **Ono kad**
   - **Meaning**: A phrase used to introduce a situation or comparison, similar to "that moment when."
   - **Example**: *Ono kad dođeš kući, a zaboravio si ključ.*
   - **Translation**: That moment when you come home, and you've forgotten the key.

9. **Otvori oči**
   - **Meaning**: To wake up to reality or to be more aware of what's going on.
   - **Example**: *Otvori oči, ovo nije kako misliš.*
   - **Translation**: Open your eyes, this isn't what you think.

10. **Onda je gotov**

- **Meaning**: It's over or finished; usually used to express that something cannot be changed.
- **Example**: *Kad kažeš tu reč, onda je gotov.*
- **Translation**: Once you say that word, it's over.

11. Omiljeni lik
- **Meaning**: Someone's favorite person or character.
- **Example**: *On je moj omiljeni lik, uvek nasmejan.*
- **Translation**: He's my favorite person, always smiling.

12. Opustiti se
- **Meaning**: To relax, chill out.
- **Example**: *Posle napornog dana, treba da se opustiš.*
- **Translation**: After a long day, you need to relax.

13. Otvori flašu
- **Meaning**: A casual way of saying "let's get started" or "let's have fun."
- **Example**: *Otvori flašu, večeras slavimo!*
- **Translation**: Open the bottle, we're celebrating tonight!

14. Obratiti pažnju
- **Meaning**: To pay attention, often used when urging someone to focus.
- **Example**: *Obrati pažnju na to, to je važno.*
- **Translation**: Pay attention to that, it's important.

15. Odbiti ponudu
- **Meaning**: To refuse or reject an offer.
- **Example**: *Nisam mogao da odbijem ponudu, bila je previše dobra.*

- ○ **Translation**: I couldn't refuse the offer, it was too good.

16. **Obiti vrata**
    - ○ **Meaning**: To knock on doors, sometimes used metaphorically for trying to reach someone.
    - ○ **Example**: *Obišao je sve ulice, ali niko nije znao ništa.*
    - ○ **Translation**: He knocked on every door, but no one knew anything.

17. **Oštar jezik**
    - ○ **Meaning**: Someone who speaks harshly or critically.
    - ○ **Example**: *Pazi, on ima oštar jezik, neće se libiti da kaže šta misli.*
    - ○ **Translation**: Watch out, he has a sharp tongue, he won't hesitate to say what he thinks.

18. **Opasna faca**
    - ○ **Meaning**: A person who seems tough or intimidating.
    - ○ **Example**: *On je opasna faca, svi ga poštuju.*
    - ○ **Translation**: He's a tough guy, everyone respects him.

19. **Osvojiti grad**
    - ○ **Meaning**: To be very successful or popular, often used for parties or social events.
    - ○ **Example**: *Došli smo do kluba i osvojili grad, svi su nas primetili.*
    - ○ **Translation**: We went to the club and took over the city, everyone noticed us.

20. **Odličan je**
    - ○ **Meaning**: Someone or something that is really good or excellent.

- Example: *On je odličan, uvek daje najbolje rezultate.*
- Translation: He's excellent; he always delivers the best results.

P

1. **Pogodio si!**
    - **Meaning**: You've hit the mark, you're right, or you guessed it.
    - **Example**: *Pogodio si! To je tačno!*
    - **Translation**: You've hit the mark! That's right!
2. **Pasti na nešto**
    - **Meaning**: To fall for something, to be tricked or deceived.
    - **Example**: *Pao je na tu foru, mislio je da je istina.*
    - **Translation**: He fell for that trick; he thought it was true.
3. **Pohvaliti se**
    - **Meaning**: To boast or brag about something.
    - **Example**: *Ne moraš da se pohvališ, svi znamo kako si sjajan.*
    - **Translation**: You don't need to brag; we all know how great you are.
4. **Previše je**
    - **Meaning**: Something that is too much, overwhelming.
    - **Example**: *Ovo je previše, ne mogu da podnesem više.*

- o **Translation**: This is too much, I can't take it anymore.
5. **Pucaj u prazno**
    - o **Meaning**: To talk without purpose or to waste effort on something fruitless.
    - o **Example**: *Samo pucaš u prazno, niko te ne sluša.*
    - o **Translation**: You're just talking in vain; no one's listening.
6. **Pobediti u igri**
    - o **Meaning**: To win, usually referring to a competition or challenge.
    - o **Example**: *On je pobedio u igri, svi su mu čestitali.*
    - o **Translation**: He won the game, everyone congratulated him.
7. **Piti kafu**
    - o **Meaning**: A casual phrase used for meeting or hanging out with someone.
    - o **Example**: *Ajde da pijemo kafu, moramo da popričamo.*
    - o **Translation**: Let's have coffee, we need to talk.
8. **Pokaži se**
    - o **Meaning**: To show up or demonstrate your abilities.
    - o **Example**: *Pokaži se večeras, svi će biti tamo!*
    - o **Translation**: Show up tonight, everyone will be there!
9. **Pomoći prijatelju**
    - o **Meaning**: To help a friend, often used informally.
    - o **Example**: *Pomoći prijatelju je najvažnija stvar.*

- o **Translation**: Helping a friend is the most important thing.
10. **Prati instinkt**
    - o **Meaning**: To follow your instincts, often used as advice.
    - o **Example**: *Prati instinkt, nećeš pogrešiti.*
    - o **Translation**: Follow your instincts, you won't go wrong.
11. **Poslati poruku**
    - o **Meaning**: To send a message, either literal or metaphorical.
    - o **Example**: *Poslao je poruku da stigne na vreme.*
    - o **Translation**: He sent the message to arrive on time.
12. **Pasti sa stolice**
    - o **Meaning**: To be shocked or surprised by something unexpected.
    - o **Example**: *Kad sam čuo tu vest, pao sam sa stolice.*
    - o **Translation**: When I heard that news, I nearly fell off my chair.
13. **Požuriti stvar**
    - o **Meaning**: To rush or hurry something up.
    - o **Example**: *Nemoj požuriti stvar, sve ima svoj red.*
    - o **Translation**: Don't rush things; everything has its own pace.
14. **Pobednička mentalnost**
    - o **Meaning**: A mindset of always striving to win, to be the best.
    - o **Example**: *Imaš pobedničku mentalnost, nikad ne odustaješ.*
    - o **Translation**: You have a winning mindset, you never give up.

15. **Prva liga**
    - **Meaning**: Something or someone of top quality or status.
    - **Example**: *Ovaj restoran je prva liga, moraš da probaš.*
    - **Translation**: This restaurant is top-notch, you have to try it.
16. **Pazi šta pričaš**
    - **Meaning**: Watch what you say, often used as a warning to be careful.
    - **Example**: *Pazi šta pričaš, ne znaš ko je tu.*
    - **Translation**: Watch what you say; you don't know who's here.
17. **Proći kroz pakao**
    - **Meaning**: To go through a very difficult or painful situation.
    - **Example**: *Prošao je kroz pakao, ali je izašao jači.*
    - **Translation**: He went through hell, but he came out stronger.
18. **Pljunuti u facu**
    - **Meaning**: To insult someone directly, often used metaphorically.
    - **Example**: *Osećam kao da su mi pljunuli u facu.*
    - **Translation**: I feel like they spat in my face.
19. **Prvi na listi**
    - **Meaning**: Someone or something that is at the top of the priority list.
    - **Example**: *On je prvi na listi za intervju.*
    - **Translation**: He's first on the list for the interview.
20. **Pritisak raste**
    - **Meaning**: The pressure is building, often used in tense or challenging situations.

- Example: *Pritisak raste, ali moramo da izdržimo.*
- Translation: The pressure is building, but we have to hold on.

R

1. **Raspoložen je**
   - Meaning: Someone is in a good mood, feeling positive.
   - Example: *Danas je raspoložen, stalno se smeška.*
   - Translation: He's in a good mood today, he's always smiling.
2. **Rasti u očima**
   - Meaning: To gain respect or admiration, to improve in others' eyes.
   - Example: *Nakon tog nastupa, rastao je u očima svih.*
   - Translation: After that performance, he gained respect in everyone's eyes.
3. **Razvaliti nešto**
   - Meaning: To do something very well, to crush it.
   - Example: *Razvalio je na ispitima, svi su ga hvalili.*
   - Translation: He crushed it on the exams, everyone was praising him.
4. **Ružno je to**
   - Meaning: It's not right, or it's a bad situation.
   - Example: *Ružno je to što je uradio, nikad nisam mislio da će to učiniti.*

- o **Translation**: It's wrong what he did, I never thought he'd do that.
5. **Razumeti se u nešto**
    - o **Meaning**: To understand or have knowledge about something.
    - o **Example**: *On se stvarno razume u muziku.*
    - o **Translation**: He really knows his music.
6. **Raskinuti vezu**
    - o **Meaning**: To break up with someone, end a relationship.
    - o **Example**: *Odlučili su da raskinu vezu jer se nisu slagali.*
    - o **Translation**: They decided to break up because they didn't get along.
7. **Redovno veče**
    - o **Meaning**: A regular evening or routine activity.
    - o **Example**: *Završimo sve i onda imamo redovno veče sa prijateljima.*
    - o **Translation**: We finish everything and then have our regular evening with friends.
8. **Rupe u planu**
    - o **Meaning**: Flaws or gaps in a plan, things that are missing or unclear.
    - o **Example**: *Moramo popraviti rupe u planu da bi sve prošlo kako treba.*
    - o **Translation**: We need to fix the gaps in the plan so everything goes as it should.
9. **Ravnoteža je ključ**
    - o **Meaning**: Balance is the key, often used when discussing life or work.
    - o **Example**: *Moramo da održimo ravnotežu između posla i privatnog života.*
    - o **Translation**: We need to maintain balance between work and personal life.

10. **Radosno je**
    - **Meaning**: Something is happy or cheerful, usually describing an atmosphere.
    - **Example**: *Bila je radosna atmosfera na proslavi.*
    - **Translation**: There was a cheerful atmosphere at the celebration.
11. **Rasti kao luda**
    - **Meaning**: To grow rapidly, often used when talking about something or someone becoming more successful or popular.
    - **Example**: *Njegov biznis raste kao luda, sve više klijenata.*
    - **Translation**: His business is growing rapidly, more and more clients.
12. **Raditi nešto iz srca**
    - **Meaning**: To do something with genuine passion and effort.
    - **Example**: *Ona radi svoj posao iz srca, to se vidi.*
    - **Translation**: She does her job with heart, you can see it.
13. **Raspad sistema**
    - **Meaning**: A complete breakdown, usually describing a chaotic or failed situation.
    - **Example**: *Posle što su se svi posvađali, došlo je do raspada sistema.*
    - **Translation**: After everyone argued, there was a total breakdown.
14. **Rizikovati sve**
    - **Meaning**: To risk everything, to take a big chance.
    - **Example**: *Rizikovao je sve, ali se isplatilo.*
    - **Translation**: He risked everything, but it paid off.

15. **Raspasti se**
    - **Meaning**: To fall apart, often used when something fails or disintegrates.
    - **Example**: *Njihov plan se raspao čim je počeo.*
    - **Translation**: Their plan fell apart as soon as it started.
16. **Reći nešto sa strane**
    - **Meaning**: To say something off the record, not meant to be shared widely.
    - **Example**: *Moram da ti kažem nešto sa strane, nije za sve u sobi.*
    - **Translation**: I need to tell you something privately, it's not for everyone in the room.
17. **Razočarati nekog**
    - **Meaning**: To disappoint someone.
    - **Example**: *Nadam se da te nisam razočarao.*
    - **Translation**: I hope I didn't disappoint you.
18. **Ružna istina**
    - **Meaning**: The harsh truth, something difficult to accept but real.
    - **Example**: *Moramo da se suočimo sa ružnom istinom.*
    - **Translation**: We have to face the harsh truth.
19. **Rasti u nečemu**
    - **Meaning**: To improve or grow in a specific area or skill.
    - **Example**: *On raste u muzici, postaje sve bolji.*
    - **Translation**: He's growing in music, he's getting better.
20. **Raditi nešto iz hira**
    - **Meaning**: To do something impulsively, without real reason or plan.

- **Example**: *Raditi nešto iz hira nije uvek najbolja opcija.*
- **Translation**: Doing something impulsively isn't always the best option.

S

1. **Službeni put**
   - **Meaning**: A business trip, often used casually to refer to trips related to work.
   - **Example**: *Moram da idem na službeni put, biću odsutan nekoliko dana.*
   - **Translation**: I need to go on a business trip, I'll be away for a few days.
2. **Snimiti nešto**
   - **Meaning**: To record or film something.
   - **Example**: *Snimio je najbolji video do sada.*
   - **Translation**: He recorded the best video so far.
3. **Suočiti se sa problemom**
   - **Meaning**: To face a problem directly, to confront an issue.
   - **Example**: *Moramo se suočiti sa problemom i rešiti ga odmah.*
   - **Translation**: We need to face the problem and solve it immediately.
4. **Svi su u pitanju**
   - **Meaning**: Used when something concerns or involves everyone.
   - **Example**: *Svi su u pitanju, ovo se tiče svakog od nas.*
   - **Translation**: It concerns everyone, this affects each of us.

5. **Spretno kao mačka**
    - **Meaning**: To be agile, quick, or skillful at something.
    - **Example**: *On je spretan kao mačka, nikad nije pao sa bicikla.*
    - **Translation**: He's as agile as a cat, he's never fallen off a bike.
6. **Smeštati nekog**
    - **Meaning**: To criticize or place blame on someone, often unfairly.
    - **Example**: *Nemoj smeštati sve na njega, nije kriv za to.*
    - **Translation**: Don't blame him for everything, he's not guilty of that.
7. **Svakako**
    - **Meaning**: Anyway, regardless, often used to affirm something.
    - **Example**: *Svakako ćemo to rešiti, ne brini.*
    - **Translation**: We'll solve it anyway, don't worry.
8. **Svuda po gradu**
    - **Meaning**: Everywhere around the city, usually referring to something that's popular or widespread.
    - **Example**: *Njegovo ime je svuda po gradu, postao je poznat.*
    - **Translation**: His name is everywhere in the city, he became famous.
9. **Skriviti nešto**
    - **Meaning**: To cause or make something happen, often with negative consequences.
    - **Example**: *Ne želim da skrivim nešto, samo želim da pomognem.*
    - **Translation**: I don't want to cause anything, I just want to help.

10. **Svetlo na kraju tunela**
    - **Meaning**: A sign of hope or improvement in a difficult situation.
    - **Example**: *Nakon svih problema, vidim svetlo na kraju tunela.*
    - **Translation**: After all the problems, I see the light at the end of the tunnel.
11. **Spustiti loptu**
    - **Meaning**: To calm down or relax, often used when someone is too excited or aggressive.
    - **Example**: *Spusti loptu, ne moraš da se nerviraš zbog toga.*
    - **Translation**: Calm down, you don't need to get upset about it.
12. **Samo malo**
    - **Meaning**: Just a moment, often used when asking for patience or time.
    - **Example**: *Samo malo, stižem za trenutak.*
    - **Translation**: Just a moment, I'll be there in a second.
13. **Skrati priču**
    - **Meaning**: To get to the point, to shorten a long explanation.
    - **Example**: *Skrati priču, šta želiš da kažeš?*
    - **Translation**: Get to the point, what do you want to say?
14. **Samo da se zna**
    - **Meaning**: Used to emphasize something important that needs to be acknowledged.
    - **Example**: *Samo da se zna, mi nismo krivi za ovo.*
    - **Translation**: Just so it's clear, we're not guilty of this.
15. **Sveti gral**

- o **Meaning**: A desired goal, something very hard to achieve, but highly valued.
- o **Example**: *Ovaj posao je svet gral za mnoge mlade ljude.*
- **Translation**: This job is the holy grail for many young people.

16. **Svi mi to radimo**
    - o **Meaning**: A phrase used to indicate that something is common or normal for everyone.
    - o **Example**: *Svi mi to radimo, nije ništa posebno.*
    - o **Translation**: We all do that, it's nothing special.
17. **Svirati u bendu**
    - o **Meaning**: To be part of a band, used metaphorically to indicate teamwork.
    - o **Example**: *On svira u bendu, sve ide u savršenom ritmu.*
    - o **Translation**: He plays in a band, everything goes in perfect rhythm.
18. **Skačiti sa teme na temu**
    - o **Meaning**: To jump from topic to topic, often in a conversation.
    - o **Example**: *Stalno skačeš sa teme na temu, nemamo vremena za sve.*
    - o **Translation**: You keep jumping from topic to topic, we don't have time for everything.
19. **Svetlo u očima**
    - o **Meaning**: A phrase used to describe someone's excitement or passion, often used when someone is excited about something.

- **Example**: *Ima svetlo u očima, stvarno voli to što radi.*
- **Translation**: She has a sparkle in her eyes, she really loves what she does.

20. **Skriviti osmeh**
    - **Meaning**: To smile slyly or mischievously, often when something unexpected happens.
    - **Example**: *Nakon što je dobio iznenađenje, samo je skrivio osmeh.*
    - **Translation**: After getting the surprise, he just gave a sly smile.

T

1. **Tisina pred oluju**
   - **Meaning**: The calm before the storm, describing a peaceful moment before chaos or trouble.
   - **Example**: *Bilo je tišina pred oluju, ali onda su počeli problemi.*
   - **Translation**: It was the calm before the storm, but then the problems started.
2. **Toliko je dobro**
   - **Meaning**: It's so good, used to emphasize how great something is.
   - **Example**: *Ovaj film je toliko dobar, nikad ništa bolje nisam video.*
   - **Translation**: This movie is so good, I've never seen anything better.
3. **Trčati u krug**
   - **Meaning**: To go around in circles, often used when someone is stuck in a situation without progress.
   - **Example**: *Samo trčimo u krug, ništa se ne menja.*
   - **Translation**: We're just going around in circles, nothing is changing.
4. **Tajna u rukavu**
   - **Meaning**: A secret card, having a hidden advantage or plan.

- **Example**: *Ima još jednu tajnu u rukavu, čekaj da vidiš šta će da se desi.*
- **Translation**: He has one more secret card, wait and see what happens.

5. **Tvrda ko stena**
    - **Meaning**: Hard as a rock, often used to describe someone who is tough or unyielding.
    - **Example**: *On je tvrda ko stena, nikad se ne predaje.*
    - **Translation**: He's tough as a rock, he never gives up.

6. **Tako je to**
    - **Meaning**: That's just how it is, used to accept a situation or outcome.
    - **Example**: *Ponekad to tako je to, ne možemo ništa da menjamo.*
    - **Translation**: Sometimes, that's just how it is, we can't change anything.

7. **To nije tvoj problem**
    - **Meaning**: That's not your issue, a way of telling someone not to worry about something that doesn't concern them.
    - **Example**: *Ne brini, to nije tvoj problem.*
    - **Translation**: Don't worry, that's not your problem.

8. **Toliko ti hvala**
    - **Meaning**: A sarcastic way of saying "thank you" when someone's help isn't appreciated.
    - **Example**: *Toliko ti hvala što si pomogao, baš si sjajan.*
    - **Translation**: Thanks so much for your help, you're really great.

9. **Tko je bezgrešan?**

- **Meaning**: Who is perfect? Used when discussing mistakes or imperfections.
- **Example**: *Tko je bezgrešan? Svi mi pravimo greške.*
- **Translation**: Who is perfect? We all make mistakes.

10. Tako ti ja kažem
- **Meaning**: A phrase to emphasize the speaker's point, similar to "trust me" or "believe me."
- **Example**: *Tako ti ja kažem, nećeš zažaliti.*
- **Translation**: Trust me, you won't regret it.

11. Tebe ništa ne može da slomi
- **Meaning**: You can't be broken, used to praise someone's strength or resilience.
- **Example**: *Tebe ništa ne može da slomi, uvek se podigneš.*
- **Translation**: Nothing can break you, you always get back up.

12. To je to
- **Meaning**: That's it, used to indicate finality or conclusion.
- **Example**: *Odluka je doneta, to je to.*
- **Translation**: The decision is made, that's it.

13. Tajming je sve
- **Meaning**: Timing is everything, used to emphasize the importance of the right moment.
- **Example**: *U životu, tajming je sve.*
- **Translation**: In life, timing is everything.

14. Tako je lako
- **Meaning**: It's so easy, used to describe something that doesn't require much effort.
- **Example**: *Tako je lako naučiti ovu pesmu, samo treba da se skoncentrišeš.*

- Translation: It's so easy to learn this song, you just need to focus.

15. **Tajna uspeha**
    - **Meaning**: The secret to success, often used to refer to key principles or actions that lead to success.
    - **Example**: *Tajna uspeha je u stalnom učenju.*
    - **Translation**: The secret to success is in constant learning.

16. **Trik iz rukava**
    - **Meaning**: A trick up your sleeve, having a hidden advantage.
    - **Example**: *On je uvek imao neki trik iz rukava za izbegavanje problema.*
    - **Translation**: He always had a trick up his sleeve to avoid problems.

17. **Telo je tempirano**
    - **Meaning**: Someone is physically prepared or strong, used in contexts of physical challenge.
    - **Example**: *Njegovo telo je tempirano za maraton.*
    - **Translation**: His body is prepared for the marathon.

18. **To je za zapamćiti**
    - **Meaning**: It's worth remembering, used when something is impressive or remarkable.
    - **Example**: *Ova večera je bila toliko dobra, to je za zapamćiti.*
    - **Translation**: This dinner was so good, it's worth remembering.

19. **Tužna stvarnost**

- **Meaning**: A sad reality, used when discussing an unpleasant truth.
- **Example**: *Tužna stvarnost je da nismo ništa postigli.*
- **Translation**: The sad reality is that we haven't achieved anything.

20. Tajni agent

- **Meaning**: A secret agent, used metaphorically to describe someone who is covert or mysterious.
- **Example**: *On je pravi tajni agent, niko ne zna šta radi.*
- **Translation**: He's a real secret agent, no one knows what he's doing.

U

1. **Uopšte nije važno**
   - **Meaning**: It's not important at all, used to dismiss something as unimportant.
   - **Example**: *Ne brini, uopšte nije važno, sve je u redu.*
   - **Translation**: Don't worry, it's not important at all, everything is fine.
2. **Uzimati stvari sa rezervom**
   - **Meaning**: To take things with a grain of salt, to be skeptical.
   - **Example**: *Uzimaj sve što ti kažu sa rezervom, ne veruj odmah.*
   - **Translation**: Take everything they tell you with a grain of salt, don't trust it immediately.
3. **Uživati u trenutku**
   - **Meaning**: To enjoy the moment, to live in the present.
   - **Example**: *Sada je vreme da uživamo u trenutku, ne brini o budućnosti.*
   - **Translation**: Now is the time to enjoy the moment, don't worry about the future.
4. **U igri**

- **Meaning**: In the game, meaning someone is involved or has a chance.
- **Example**: *Još uvek smo u igri, nema predaje!*
- **Translation**: We're still in the game, no surrender!

5. **Uči iz grešaka**
   - **Meaning**: Learn from your mistakes, used to encourage growth through experience.
   - **Example**: *Nemoj da se obeshrabriš, uči iz grešaka.*
   - **Translation**: Don't get discouraged, learn from your mistakes.

6. **Ubrzati tempo**
   - **Meaning**: To speed up, to increase the pace.
   - **Example**: *Moramo da ubrzamo tempo, nemamo mnogo vremena.*
   - **Translation**: We need to speed up, we don't have much time.

7. **Uzeo je kormilo**
   - **Meaning**: He took the lead, he's in control now.
   - **Example**: *Nakon što je direktor otišao, on je uzeo kormilo.*
   - **Translation**: After the director left, he took the lead.

8. **U tom stilu**
   - **Meaning**: In that style, used to refer to doing something in a specific way.
   - **Example**: *Nastavi u tom stilu, odlično ti ide!*
   - **Translation**: Keep going in that style, you're doing great!

9. **Učiniti razliku**
   - **Meaning**: To make a difference, to have a significant impact.

- **Example**: *Tvoj rad može učiniti razliku.*
- **Translation**: Your work can make a difference.

10. **Uglavnom da ne kvariš**
    - **Meaning**: As long as you don't ruin it, used when someone is trying to do something without causing problems.
    - **Example**: *Samo uživaj, uglavnom da ne kvariš atmosferu.*
    - **Translation**: Just enjoy, as long as you don't ruin the atmosphere.

11. **Uspeti u životu**
    - **Meaning**: To succeed in life, to achieve one's goals.
    - **Example**: *Nadam se da ćeš uspeti u životu, imaš mnogo potencijala.*
    - **Translation**: I hope you'll succeed in life, you have a lot of potential.

12. **Ušao u igru**
    - **Meaning**: He's entered the game, meaning someone is now involved in a situation.
    - **Example**: *Kada je on ušao u igru, sve je počelo da se menja.*
    - **Translation**: When he entered the game, everything started to change.

13. **Uočiti razliku**
    - **Meaning**: To notice the difference, used when something changes or improves.
    - **Example**: *Možeš da uočiš razliku nakon što je nova oprema postavljena.*
    - **Translation**: You can notice the difference after the new equipment was set up.

14. **U škripcu**
    - **Meaning**: In a tight spot, a difficult or challenging situation.

- Example: *Bio je u škripcu, ali je uspeo da se izvuče.*
- Translation: He was in a tight spot, but he managed to get out of it.

15. **U valovima**
    - Meaning: In waves, used to describe something that happens in intervals or stages.
    - Example: *Njegovo interesovanje dolazi u valovima.*
    - Translation: His interest comes in waves.

16. **Usmeriti pažnju**
    - Meaning: To direct attention, to focus on something.
    - Example: *Moramo da usmerimo pažnju na najvažnije zadatke.*
    - Translation: We need to direct our attention to the most important tasks.

17. **Uzeo je stvar u svoje ruke**
    - Meaning: He took matters into his own hands, he became responsible for a situation.
    - Example: *Kada je video da ništa ne ide kako treba, uzeo je stvar u svoje ruke.*
    - Translation: When he saw that nothing was going right, he took matters into his own hands.

18. **U radnji**
    - Meaning: In action, usually referring to something happening at the moment.
    - Example: *Pogledaj ga u radnji, on je prava zver!*
    - Translation: Look at him in action, he's a real beast!

19. **Uvek imaš izlaz**

- **Meaning**: You always have an exit, implying there's always a way out or a solution.
- **Example**: *Nemoj da brineš, uvek imaš izlaz iz svake situacije.*
- **Translation**: Don't worry, you always have a way out of any situation.

20. **Uklopiti se u društvo**
    - **Meaning**: To fit in with society, to blend into a group.
    - **Example**: *On se teško uklopio u društvo, ali sada je prihvaćen.*
    - **Translation**: He had trouble fitting in with the group, but now he's accepted.

V

1. **Vazda tako**
   - **Meaning**: Always like that, used to describe a consistent or unchanging situation.
   - **Example**: *Vazda tako, sve se uvek ponavlja.*
   - **Translation**: Always like that, everything keeps repeating.
2. **Vidi se na njemu**
   - **Meaning**: It shows on him, used when something is obvious or evident about a person.
   - **Example**: *Vidi se na njemu da je umoran, mora da odmori.*
   - **Translation**: It shows on him that he's tired, he needs to rest.
3. **Vređati nekog**
   - **Meaning**: To insult someone, often said in a context of disrespect.
   - **Example**: *Nemoj da vređaš ljude, to nije u redu.*
   - **Translation**: Don't insult people, that's not okay.
4. **Vrhunski**
   - **Meaning**: Top-tier, excellent, the best.

- **Example**: *Ovo je vrhunski kolač, nikad nisam jeo bolji.*
- **Translation**: This is top-tier cake, I've never eaten a better one.

5. **Vezati se za nešto**
   - **Meaning**: To get attached to something, often used in emotional contexts.
   - **Example**: *Počela je da se vezuje za njega, što je opasno.*
   - **Translation**: She started getting attached to him, which is dangerous.

6. **Vrelo kao pekara**
   - **Meaning**: Hot as a bakery, used to describe very hot weather.
   - **Example**: *Vrelo je kao pekara napolju, nosićeš mnogo vode!*
   - **Translation**: It's hot as a bakery outside, you'll need to bring a lot of water!

7. **Vraćati loptu**
   - **Meaning**: To return the favor or responsibility.
   - **Example**: *Sada je na tebi da vratiš loptu, učinio sam ti uslugu.*
   - **Translation**: Now it's up to you to return the favor, I did you a service.

8. **Voleo bih da imam**
   - **Meaning**: I wish I had, used to express desire for something.
   - **Example**: *Voleo bih da imam više vremena za putovanja.*
   - **Translation**: I wish I had more time for traveling.

9. **Vrtiti se u krug**

- **Meaning**: To spin in circles, often used when someone is stuck in a repetitive situation.
- **Example**: *Stalno se vrtiš u krug, moraš da nađeš izlaz iz toga.*
- **Translation**: You're just spinning in circles, you need to find a way out of that.

10. **Veselo kao na karnevalu**
    - **Meaning**: Very cheerful or lively, used to describe a fun atmosphere.
    - **Example**: *Bilo je veselo kao na karnevalu, svi su se zabavljali!*
    - **Translation**: It was as lively as at a carnival, everyone was having fun!

11. **Vidiš da nije normalno**
    - **Meaning**: You can see that it's not normal, used to point out something unusual.
    - **Example**: *Vidiš da nije normalno, nije trebalo da se dogodi.*
    - **Translation**: You can see it's not normal, it shouldn't have happened.

12. **Vazduh je pun napetosti**
    - **Meaning**: The air is thick with tension, used to describe a tense or uncomfortable atmosphere.
    - **Example**: *Vazduh je pun napetosti, svi čekaju da nešto desi.*
    - **Translation**: The air is thick with tension, everyone is waiting for something to happen.

13. **Voziti na autopilotu**
    - **Meaning**: To go on autopilot, used when someone is doing something without much thought or effort.

- **Example**: *Nakon toliko godina, vozi na autopilotu, znaš šta treba da radiš.*
- **Translation**: After so many years, you're on autopilot, you know what to do.

14. **Videti svetlost**
    - **Meaning**: To see the light, used when someone has a moment of realization or hope.
    - **Example**: *Nakon mnogo teškoća, konačno je video svetlost.*
    - **Translation**: After a lot of difficulties, he finally saw the light.

15. **Vraćati se u prošlost**
    - **Meaning**: To go back to the past, used when reminiscing or reflecting on past events.
    - **Example**: *Nema potrebe da se vraćamo u prošlost, sada je najvažnija budućnost.*
    - **Translation**: There's no need to go back to the past, the future is the most important now.

16. **Vazda u pravu**
    - **Meaning**: Always right, used to describe someone who is consistently correct.
    - **Example**: *Stalno kažeš da si vazda u pravu, možda i nisi ovaj put.*
    - **Translation**: You always say you're right, maybe you're not this time.

17. **Vidiš li ti to?**
    - **Meaning**: Do you see that? Used to point out something surprising or shocking.
    - **Example**: *Vidiš li ti to? Kako je ovo moguće?*
    - **Translation**: Do you see that? How is this possible?

18. **Voziti na stazi**

- Meaning: To be on track, both literally and figuratively.
- Example: *Sada smo na stazi, sve ide kako treba.*
- Translation: Now we're on track, everything is going as it should.

19. Verovati na reč
- Meaning: To take someone's word for it, to trust what they say without proof.
- Example: *Veruj mi na reč, ovo je najbolji restoran u gradu.*
- Translation: Trust me, this is the best restaurant in the city.

20. Vikend je iza ugla
- Meaning: The weekend is around the corner, used when something is near or imminent.
- Example: *Vikend je iza ugla, jedva čekam da odmorim.*
- Translation: The weekend is around the corner, I can't wait to relax.

Š

1. **Šta ima novo?**
   - **Meaning**: What's new? A casual greeting asking about recent events or news.
   - **Example**: *Šta ima novo? Dugo se nismo videli!*
   - **Translation**: What's new? We haven't seen each other in a while!
2. **Šef je na vezi**
   - **Meaning**: The boss is on the line, used when someone in authority is involved or is paying attention.
   - **Example**: *Bolje da završimo, šef je na vezi.*
   - **Translation**: We better finish this, the boss is on the line.
3. **Šutirati loptu u prazno**
   - **Meaning**: To kick the ball into the void, meaning to do something that leads to no result.
   - **Example**: *Često šutiramo loptu u prazno, nikad ne dođemo do rešenja.*
   - **Translation**: We often kick the ball into the void, we never reach a solution.
4. **Škrta kao pacov**

- Meaning: Stingy as a rat, used to describe someone who is very miserly.
- Example: *On je škrta kao pacov, nikad ništa ne deli.*
- Translation: He's as stingy as a rat, never shares anything.

5. **Šibati na brzinu**
   - Meaning: To rush through something, to do something quickly and without attention to detail.
   - Example: *Nemoj da šibaš na brzinu, moraš da se koncentriraš.*
   - Translation: Don't rush through it, you need to focus.

6. **Šef od posla**
   - Meaning: The boss of the job, someone who is very skilled at what they do.
   - Example: *On je pravi šef od posla, nema mu ravnog.*
   - Translation: He's the real boss of the job, no one is as good as him.

7. **Široka ruka**
   - Meaning: Generous, used to describe someone who is open-handed or giving.
   - Example: *Nikola je imao široku ruku, uvek je pomagao prijateljima.*
   - Translation: Nikola had a generous hand, he always helped his friends.

8. **Šaliti se na njegov račun**
   - Meaning: To joke at his expense, used when making fun of someone.
   - Example: *Ne voli kad se šalimo na njegov račun, bolje da budemo ozbiljni.*
   - Translation: He doesn't like it when we joke at his expense, it's better to be serious.

9. **Švercovati se**
   - **Meaning**: To sneak in, often used when someone avoids paying for something like a ticket or entry.
   - **Example**: *Nisam imao novca za kartu, pa sam se švercovao u voz.*
   - **Translation**: I didn't have money for a ticket, so I sneaked into the train.

10. **Šamar u lice**
    - **Meaning**: A slap in the face, used metaphorically for something that is a rude surprise or an insult.
    - **Example**: *To je bio šamar u lice, nisam očekivao da će to da se desi.*
    - **Translation**: That was a slap in the face, I didn't expect that to happen.

11. **Šuštati kao papir**
    - **Meaning**: To rustle like paper, describing a sound that is soft or faint.
    - **Example**: *Njegov korak je šuštao kao papir, nikako da ga primetim.*
    - **Translation**: His step rustled like paper, I could hardly notice him.

12. **Što se mora, nije teško**
    - **Meaning**: What must be done is not hard, a way to express acceptance of an unpleasant task.
    - **Example**: *Što se mora, nije teško, moraš da završiš posao.*
    - **Translation**: What must be done is not hard, you need to finish the job.

13. **Što ti je stalo?**
    - **Meaning**: What's it to you? A challenging or confrontational way of questioning someone's interest or involvement.

- **Example**: *Što ti je stalo? Niko te nije pitao za mišljenje.*
- **Translation**: What's it to you? No one asked for your opinion.

14. Šibati ga iz sve snage
- **Meaning**: To hit someone hard, either literally or figuratively (e.g., work hard).
- **Example**: *Moramo da šibamo iz sve snage da završimo projekt na vreme.*
- **Translation**: We need to hit it hard to finish the project on time.

15. Šef je uvek u pravu
- **Meaning**: The boss is always right, a phrase often used when someone blindly follows authority.
- **Example**: *Iako nije imao pravi odgovor, šef je uvek u pravu.*
- **Translation**: Even though he didn't have the right answer, the boss is always right.

16. Šmekerski
- **Meaning**: Cool or stylish, used to describe someone who is charming or confident.
- **Example**: *On je pravi šmekerski tip, svi ga vole.*
- **Translation**: He's a real cool guy, everyone likes him.

17. Škripi nešto
- **Meaning**: Something's wrong, used when there's an issue or malfunction.
- **Example**: *Škripi nešto u ovom sistemu, moramo da proverimo.*
- **Translation**: Something's wrong with this system, we need to check it.

18. Šefova uputstva

- **Meaning**: The boss's instructions, following a leader's direction or guidance.
- **Example**: *Moramo da pratimo šefova uputstva, on zna šta radi.*
- **Translation**: We need to follow the boss's instructions, he knows what he's doing.

19. Što je brzo, to je kuso

- **Meaning**: Haste makes waste, used when something is rushed and poorly done.
- **Example**: *Nemoj da žuriš, što je brzo, to je kuso.*
- **Translation**: Don't rush, haste makes waste.

20. Šanse su male

- **Meaning**: The chances are small, used to describe something with low probability.
- **Example**: *Šanse su male da stignemo na vreme, saobraćaj je strašan.*
- **Translation**: The chances are small that we'll make it on time, the traffic is terrible.

Ž

1. **Živeti kao car**
   - **Meaning**: To live like a king, used when someone is living luxuriously or comfortably.
   - **Example**: *On živi kao car, ima sve što poželi.*
   - **Translation**: He lives like a king, he has everything he wants.
2. **Žvakati iste stvari**
   - **Meaning**: To keep repeating the same thing, used when someone keeps talking about the same subject or problem.
   - **Example**: *Ne prestajemo da žvakamo iste stvari, treba da pređemo na novo.*
   - **Translation**: We keep chewing on the same things, we need to move on to something new.
3. **Žmuriti pred problemima**
   - **Meaning**: To turn a blind eye to problems, to ignore issues instead of facing them.
   - **Example**: *Ne možemo samo da žmurimo pred problemima, moramo da ih rešimo.*

- Translation: We can't just turn a blind eye to the problems, we need to solve them.

4. **Žuti kao limun**
    - **Meaning**: To be very yellow, used to describe someone who looks sick or pale.
    - **Example**: *Pogledaj ga, žuti je kao limun, mora da ide kod doktora.*
    - **Translation**: Look at him, he's as yellow as a lemon, he needs to see a doctor.

5. **Žariti i paliti**
    - **Meaning**: To ignite and burn, used to describe someone who is very energetic or passionate about something.
    - **Example**: *On žari i pali na poslu, svi ga poštuju.*
    - **Translation**: He ignites and burns at work, everyone respects him.

6. **Želeo bih da mogu**
    - **Meaning**: I wish I could, used when expressing a desire to do something but feeling unable to.
    - **Example**: *Želeo bih da mogu da ti pomognem, ali sam previše zauzet.*
    - **Translation**: I wish I could help you, but I'm too busy.

7. **Žuriti na sve strane**
    - **Meaning**: To rush in all directions, used when someone is acting hurriedly and without focus.
    - **Example**: *Previše žuriš na sve strane, uspori malo.*
    - **Translation**: You're rushing in all directions, slow down a bit.

8. **Život u boji**

- Meaning: Life in color, used to describe a life that is full of excitement or positivity.
- Example: *Počela je da živi u boji, svaki dan je nova avantura.*
- Translation: She started living life in color, every day is a new adventure.

9. **Železna volja**
   - Meaning: Iron will, used to describe someone with a very strong determination.
   - Example: *Njegova železna volja mu je pomogla da postigne sve što želi.*
   - Translation: His iron will helped him achieve everything he wants.

10. **Žvakati lošu hranu**
    - Meaning: To chew bad food, used when someone is dealing with something unpleasant or difficult.
    - Example: *Moramo da žvakamo lošu hranu, ali nemamo izbora.*
    - Translation: We have to chew bad food, but we have no choice.

11. **Život je borba**
    - Meaning: Life is a struggle, used to express the challenges and hardships of life.
    - Example: *Znam da je život borba, ali moraš da ideš dalje.*
    - Translation: I know life is a struggle, but you have to keep going.

12. **Žmureći se kroz dan**
    - Meaning: To go through the day with your eyes closed, meaning to go through life passively or without much attention.
    - Example: *Previše žmuriš kroz dan, treba da budeš više prisutan.*

- o **Translation**: You're going through the day with your eyes closed, you need to be more present.

13. **Žuriti na zadnji trenutak**
    - o **Meaning**: To rush at the last moment, meaning to do something in a hurry just before the deadline.
    - o **Example**: *Nikad ne žuriš dok nije poslednji trenutak, to ti je mana.*
    - o **Translation**: You never hurry until the last moment, that's your flaw.

14. **Žariti od ljutnje**
    - o **Meaning**: To burn with anger, used when someone is extremely angry or furious.
    - o **Example**: *Žarila je od ljutnje kad je saznala šta je urađeno.*

- **Translation**: She was burning with anger when she found out what was done.

15. **Žuta minuta**
    - o **Meaning**: A yellow minute, used to describe a time when things are awkward or uncomfortable.
    - o **Example**: *Bila je žuta minuta kada su shvatili da je izgubio ključ.*
    - o **Translation**: It was an awkward moment when they realized he lost the key.

16. **Žmuriti na pozitivno**
    - o **Meaning**: To blind yourself to the negative and focus on the positive.
    - o **Example**: *Moramo da žmurimo na negativne stvari i da se fokusiramo na pozitivno.*

- o **Translation**: We need to blind ourselves to the negative and focus on the positive.

17. **Žica za život**
    - o **Meaning**: A lifeline, something that provides hope or a way out in a tough situation.
    - o **Example**: *Ovaj posao je bila žica za život, sad mogu da dišem.*
    - o **Translation**: This job was my lifeline, now I can breathe.

18. **Žvaćeš nadu**
    - o **Meaning**: To chew hope, used when someone is losing faith or optimism about something.
    - o **Example**: *Ako ovako nastaviš, žvaćeš nadu, prestani da se predaješ.*
    - o **Translation**: If you keep going like this, you'll chew hope, stop giving up.

19. **Živim za te trenutke**
    - o **Meaning**: I live for those moments, used when describing something very meaningful or memorable.
    - o **Example**: *Živim za te trenutke, svaki put kad smo zajedno.*
    - o **Translation**: I live for those moments, every time we're together.

20. **Žvaćeš stvarnost**
    - o **Meaning**: To chew reality, used when someone has to face harsh truths.
    - o **Example**: *Morat ćeš da žvaćeš stvarnost, to je jedini način.*
    - o **Translation**: You'll have to chew reality, that's the only way.

Printed in Dunstable, United Kingdom